Festas Juninas

O Brasil é um país multicultural
as festas juninas têm uma beleza sem igual
são celebrações brasileiras, trazidas de Portugal
no século XVI durante o período colonial
é comemorada em vários países e conhecida mundial!

Quando introduzida no Brasil, era conhecida como festa Joanina
Com o passar do tempo, passou a celebrar mais santos do mês de junho
daí surgiu a necessidade de mudar o nome da festa joanina.
Os santos são: Santo Antônio, São João Batista, São Pedro e São Paulo
por ser no mês de junho, recebeu assim o nome de Festa Junina.

OS HOMENAGEADOS NAS FESTAS JUNINAS

Santo Antônio

No dia do seu falecimento, 12 de junho ele é celebrado
o Santo Antônio conhecido como santo casamenteiro
tem fama de milagroso por ajudar as mulheres a encontrar marido
as moças esperam por esse dia, e fazem promessas o ano inteiro.

SÃO JOÃO BATISTA

A mãe de João Batista, Santa Isabel,
era uma mulher idosa, todos a tinham como estéril
apareceu a seu marido Zacarias o anjo Gabriel
e anunciou que ele teria um filho com sua esposa fiel.

Isabel, precisava avisar o nascimento do seu filho João
ela hasteou uma bandeira e acendeu uma fogueira
Maria mãe de Jesus, morava do outro lado do rio Jordão
esses foram os sinais para conseguirem comunicar-se então.

SÃO PEDRO E SÃO PAULO

Em 29 de junho é celebrado o dia de São Pedro e São Paulo
a origem desta celebração é muito antiga, e supostamente
ocorre nesta data pois teria sido a data de aniversário de morte
São Pedro era pescador e passou a pregar constantemente
foi um dos 12 apóstolos de jesus, "cristianizar" foi sua missão importante.

São Paulo ficou conhecido como escritor influente e apóstolo dos gentios ele perseguia os discípulos de Jesus e antes de se converter se chamava Saulo entrou para o cristianismo e depois da sua conversão passou a se chamar Paulo.

COMIDAS TÍPICAS

COMIDAS TÍPICAS

As comidas típicas são deliciosas, o milho é o ingrediente principal,
Com o milho se faz, pamonha , canjica, cuscuz , munguzá,
pipoca, milho cozido, milho assado, curau e bolo de fubá.

Temos também maçã do amor como tradição,
Cocada, amendoim, pé de moleque, paçoca
e uma bebida conhecida como quentão!

BRINCADEIRAS JUNINAS

BRINCADEIRAS JUNINAS

As brincadeiras juninas são elementos essenciais,
elas podem variar de região para região
as crianças adoram e brincam com emoção
brincadeiras como pescaria e de carrinho de mão.

Existem vários tipos de brincadeiras
Correio elegante, tiro ao alvo, pau de sebo,
boca do palhaço, cadeia, corrida de saco,
casamento caipira, Corrida do milho, barraca do beijo,
Cabo de guerra, jogo das argolas e rabo de burro.

A QUADRILHA

A quadrilha originou-se com os franceses,
na região Nordeste ganhou bastante valorização,
foi trazida para o Brasil pelos portugueses,
pode participar toda a família pai, mãe, avô, tio e irmão...

No mês de junho tem muita animação,
o povo dança quadrilha com emoção,
esta dança contagiante, alegra o coração,
nas festas de santo Antônio, são Pedro e são João!

A dança típica dessa festa tem uma coreografia deslumbrante
os participantes dançam com fervor, de forma empolgante!
As quadrilhas matutas e as estilizadas tem um papel importante
de divulgar nossa cultura, de forma prazerosa e interessante!

FOGOS DE ARTIFÍCIO

Segundo alguns historiadores os fogos de artifício,
São usados para espantar os maus espíritos
e sentimentos ruins, além de abrilhantar a celebração!
Os fogos de artifício foram trazidos da China,
eles são muitos perigosos, não brinque com a vida!
Atualmente, temos fogos em vários formatos e tamanhos,
tome cuidado em manuseá-los minha gente querida!

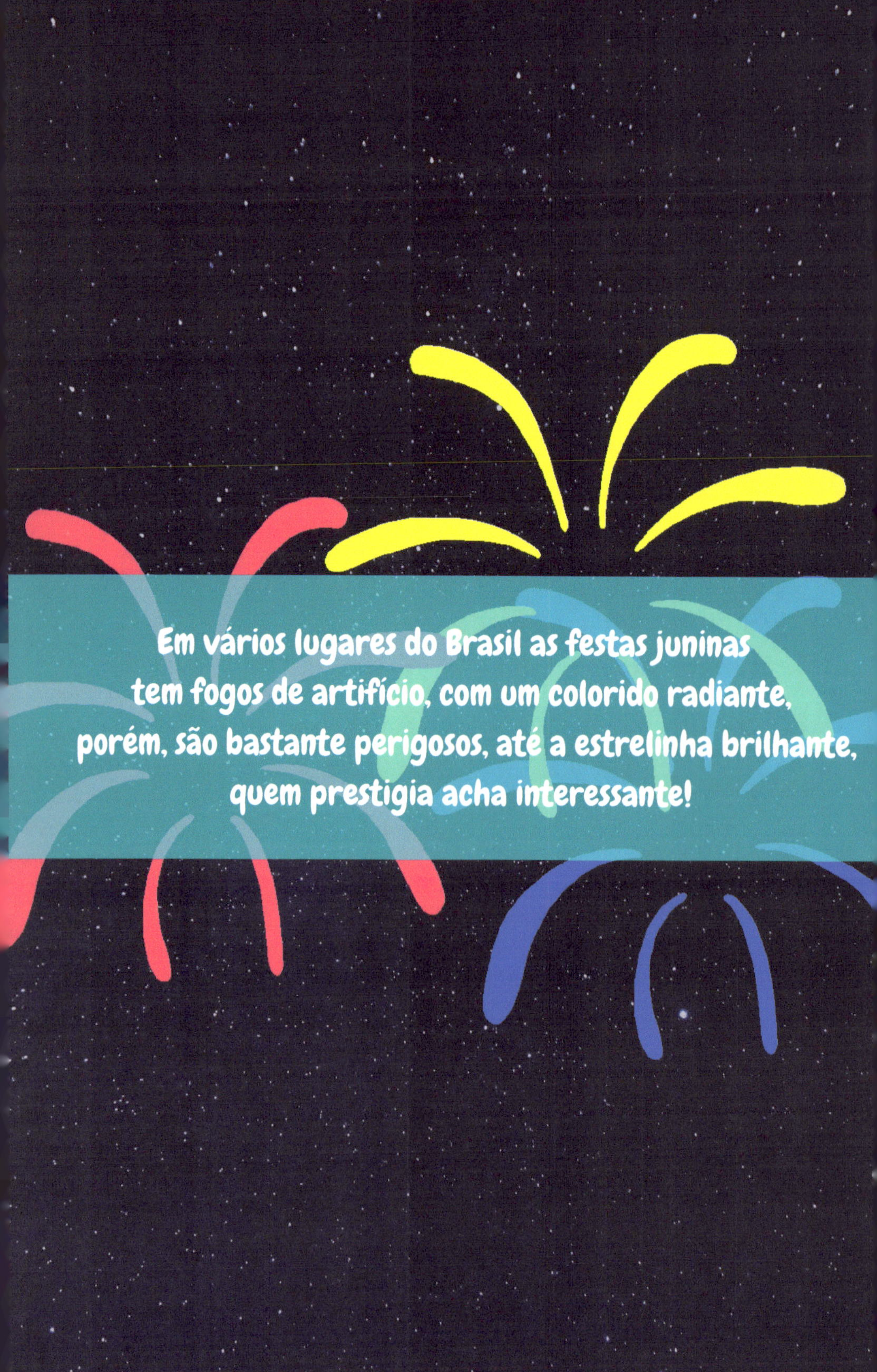
Em vários lugares do Brasil as festas juninas
tem fogos de artifício, com um colorido radiante,
porém, são bastante perigosos, até a estrelinha brilhante,
quem prestigia acha interessante!

OS BALÕES

OS BALÕES

Os balões juninos foram criados para lembrar o início do festival e reverenciar os santos celebrados, além de enfeitar o local. A tradição de soltar balões veio da Europa de Portugal.

Cuidado com desastres,
soltar balões é proibido,
não coloque vidas em risco,
não brinque com o perigo!

As festas juninas são da gente,
elas pertencem ao povão,
que alegra a nossa mente
e aquece o nosso coração.
A felicidade transborda, simplesmente,
nas noites de santo Antônio, São Pedro e são João!

O povo contempla o espetáculo sorridente
e o colorido das bandeirinhas vivamente,
faz com que se aprecie a festa com mais emoção.
As músicas de Luiz Gonzaga Rei do Baião,
são tocadas e cantadas com dedicação!

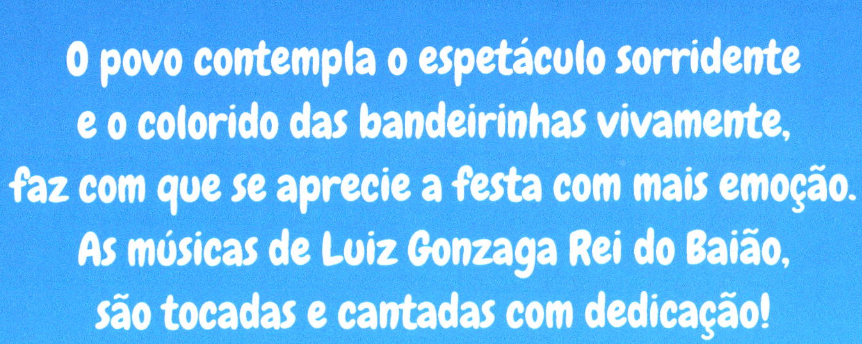

Claudianeide Guerra

Sou pedagoga, pós graduada em Educação e, atualmente trabalho no ensino fundamental 1 da rede municipal. Ensinar aos meus alunos é o que mais me inspira a escrever.

Sou ilustradora autodidata, graduanda em Ciências e tecnologia. Sempre apreciei o uso de artes digitais e visuais, e foi o que despertou meu interesse por ilustrações.

Layza Guerra

www.ingramcontent.com/pod-product-compliance
Lightning Source LLC
Chambersburg PA
CBHW040933110726
48006CB00001B/174